비비추의 사랑편지

문예바다 서정시선집 018

비비추의 사랑편지

주경림

문예바다

| 시인의 말 |

마음속의 자를 꺼내
상모돌리기를 한다

반듯하게 금 긋고 이리저리 재던
마음을 던져 버리면
눈금과 수치가 꽃가루로 분분 날리며
척尺, 꽃으로 피어난다
허공에 함박꽃 해바라기 백합…

못생긴 꽃도 예쁘게 봐주시길.

2023년 봄
주경림

차례 | 비비추의 사랑편지

시인의 말 _ 5

제1부 다시, 봄
입춘첩 _ 12
얼음 눈의 푸른 영혼 _ 13
백자 나비무늬 받침과 매화무늬 잔 _ 14
노랑제비꽃 _ 15
엽흔을 읽다 _ 16
이름 자리 _ 17
엄마의 반짇고리 _ 18
할미꽃 발사대 _ 20
살구나무꽃 신부 _ 21
실버들 _ 22
비비추의 사랑편지 _ 24
흙날개 _ 26
꽃가루 방하착 _ 27
풀꽃우주 _ 28
헛바늘꽃 _ 30

양류관음楊柳觀音 _ 31
돌확만화경 _ 32

제2부 마음의 거푸집을 깨고
꽃살문 꽃송이해 _ 36
호박벌 되기 _ 37
마음의 거푸집 _ 38
꽃할배 부처 _ 40
부처님 밥그릇 _ 41
불립문자 _ 42
빗물 가사 한 벌 _ 44
소매를 걷어 올리는 나한 _ 45
물고기 릴레이, 토어도吐魚圖 _ 46
무너짐 혹은 어울림 _ 48
뻐꾸기창을 내어드릴까요 _ 50
임은 결국 물을 건너시네[公竟渡河] _ 52
속거천리速去千里 _ 54
마음 습자지 _ 56
환지본처還至本處 _ 57
나무늘보의 비상구 _ 58
폐업정리 _ 59

제3부 달팽이가 산을 넘듯

독해법讀海法 _ 62

땡볕 속의 길 _ 63

비 갠 인왕산[仁王齊色] _ 64

능소화 부적 _ 66

티라노사우루스의 팔 _ 67

생명을 갈아 끼우다 _ 68

웨어러블 도깨비 _ 69

DNA 갈등 해결사 _ 70

상도역 메트로팜 어린잎들에게 _ 72

인공미끼 메탈지그 _ 71

달팽이가 산을 넘다 _ 74

뇌물수수 조사 축소 _ 78

우로보로스의 환幻 _ 76

코로나 선생님 _ 79

천기누설 _ 80

기청제祈晴祭를 지내다 _ 82

제4부 미끈한 백자를 꿈꾸다가

석양石羊에게 _ 84

석양石羊에게 2 _ 85

관아재觀我齋 시편 _ 86

성찬경 시인의 「답을 가르쳐 주시는 스승」_ 87
초록빛 절망 _ 88
나를 지우다 _ 89
풍금소리가 들려오다 _ 90
은제 꽃잔 _ 92
르네 마그리트의 새장 _ 93
「혼돈」을 빚다 _ 94
벌레 장인의 화룡점정畵龍點睛 _ 96
강요배의 「홍매」_ 98
십인십색十人十色 _ 99
영축산 기슭의 고래들 _ 100
절체절명 _ 102
절벽 건너기 _ 103

서정抒情을 향하다 •
    도플갱어, 내 모습과 애틋한 사랑 이야기 _ 104

제1부 ─ 다시 봄

입춘첩

봄은 가장 아픈 자리에서 온다
홍매화 꽃 진 자리,
오동나무 잎 떨어진 자리에서
봄은 일어선다

봄은 멀리서 오지 않는다
오랑캐꽃 설운 마음자리에서
봄은 일어선다

봄은 매운바람 속 눈색이꽃으로 일어난다
꽃잎을 펼쳐 햇살을 모아
얼음 세상을 차츰 녹여 간다

그렇게 가장 아픈 자리에서
내 안의 숨열로 주위를 녹여 갈 때
봄은 비로소 일어선다.

얼음 눈의 푸른 영혼

솜털 외투를 입고 눈 속에 피어난 꽃!
화야산 호젓한 눈길에서 청노루귀를 만났다

"나 이렇게 살아 있어요."
내 자신에게도 차마 못해 본 고백,

풀뿌리 언저리만 둥글게 눈이 먼저 녹았다
나도 저렇게
이웃의 시린 발을 녹여 줄 수 있었으면

흰 눈 미사보가 바람에 접혔다 펴졌다
흘러내리기도 하면서
찬바람도 축복으로 여기라 한다

화야산 눈길에서 청노루귀를 새로 얻었다.

백자 나비무늬 받침과 매화무늬 잔

흰나비야
서둘러 오느라 온통 백설을 뒤집어썼구나

말쑥한 새 가지를 흔들어 바람 넣어 줄게
흰나비야 부지런히 날아가
겨울잠에서 깨어난 설중매의 소식을 전해 주렴

망울망울 꽃송이 담아
한 잔 가득, 매화차를 우려내느니
조심조심 얼음 강 건너가
머뭇거리는 봄님께 내 향기를 안겨 주렴.

노랑제비꽃

산제나비, 꿀벌 친구들, 어서 놀러 오렴
꽃잎 뒤쪽에 볼록하게 꿀샘을 채워 놓았으니,

울진, 산불이 휩쓴 자리에
노란 꽃망울을 활짝 터뜨렸네
봄이면 늘 그랬듯이.

엽흔을 읽다

수수꽃다리 잎눈은 밝은 초록,
그 안에 이파리를 꼭꼭 감추고 있다
지난겨울 낙엽 졌던 자리를

엽흔이라 부른다

엽흔을 들여다보면
까뭇까뭇 점들이
눈, 코, 입 같기도 하고 점자처럼도 보인다

엄마가 걸음마를 시작한 아기에게 잔소리하듯
"서둘지 말고 천천히, 앞뒤 잘 살펴보고…"
잎눈은 부풀 대로 부풀어 이미 터지기 시작

그 점자들은 마음이 놓이지 않는
엄마의 얼굴 표정.

이름 자리

은방울꽃 금낭화 제주양지꽃 할미꽃
마른 잔디밭에 이름표만 서 있어
지나가다 그냥 이름을 불러 봅니다
낙엽 이불 속에서 꿈쩍도 안 합니다

다시, 초등학교 선생님이 출석 부르듯
성까지 붙여 또박또박 불러 봅니다
백합과 은방울꽃, 현호색과 금낭화…

낙엽이불 한 자락이 휘리릭 젖혀집니다
곤줄박이 한 마리가
날아가며 일으킨 바람 때문일까요

그 바람결에
이제, 그만 일어나라고
내 이름을 불러 주는 소리도 들려옵니다.

엄마의 반짇고리

오랜만에 엄마 집에 와 보니 풀꽃 동산,
맨손으로 풀꽃 몇 가닥 뽑다 주저앉는데

"얘야, 그냥 놔둬라 머리 장식한 꽃들이야."
풀빛 어여머리를 인 엄마가
엉겅퀴 꽃송이로 망울망울 말씀하실 때
꽃다지 떨잠이 아른아른 흔들리네

제비꽃을 머리에 꽂고
쑥 방석에 앉아 하늘을 올려다보고
흰 구름 따라 흘러가 보는데

"이제, 그만 가라, 어서 가라."
친정에만 오면 늘 듣던 그 소리,

엄마의 반짇고리에서는

분홍 골무꽃 연보라 지칭개 흰 민들레 솜방망이꽃이 연달아 피어나네.

할미꽃 발사대

솜털 보송보송한 자줏빛 꽃송이가 땅만 내려다보다
툭, 떨어진다
그렇게 살다 가는구나 했는데
숨 한 번 크게 내쉬고 허리를 곧게 편다

할미꽃 맞아?
훌쩍 키도 자란
꼭두머리에 열매를 매단다
딱 알맞은 바람 불어오길 기다렸다
씨앗 아기들을 슛 슛- 멀리 멀리 쏘아 올리려고
인공위성 발사대를 꾸렸다

흰머리 풀풀 날리며 발돋움하고 우주의 기상을 살피는
저, 엄마의 꽃대.

살구나무꽃 신부

봄날 저녁
꽃가지를 출렁이며 살구나무꽃 신부가
집 안으로 걸어 들어왔어요
진분홍 꽃받침마다 고봉 밥 한 그릇씩,
연분홍 꽃봉오리들이 소복소복 담겨 있어요

커다란 물항아리에 담가 주니
하룻밤 새 화들짝 다 피어 버렸어요
한나절이 지나자
연분홍 꽃잎들이 모두 떨어졌어요
이제 어여쁘고 향기롭던 신부는 사라지고
빈 꽃받침만 남았어요

무수한 상처를 남기고 봄날이 가고 있어요.

실버들

눕혀 놓아도 세워도
거꾸로 꽂든 바로 꽂든 모두 살아난다
실버들이니까

문질러 심어도
물에 잠겨도 잎을 피운다
실버들이니까

바람에 잘 꺾이지는 않지만
만약을 대비해서
작은 뿌리돌기를 가지 속에 지닌다

나도 늘 품고 다니는 무엇이 있어

눕혀 놓아도 세워도

거꾸로 꽂든 바로 꽂든 나도 잘 산다.

비비추의 사랑편지

천둥번개 치던 밤을 보내고야
새침데기 비비추가 꽃봉오리를 살짝 연다

낚싯바늘 같은 암술에 걸려 날개를 접은
꽃등에,
도톰한 몸으로 가녀린 꽃 속을 어찌 들어갈까

비비추가 꽃주름을 폈다 오므렸다 하며 응원할 때
꽃등에가 팔락팔락 보라치마 속을 들고 나다가
가장 깊숙한 샘에 이른다

꿀 한 모금 목을 축이는 사이,
비비추는 꽃등에의 다리며 날개에
꽃가루를 잔뜩 묻혀 준다

"자, 이제 내 사랑 전해 줘요."

꽃등에가 훌쩍 날아가자
보라치마가 핑그르르 접히며 오므라진다

비비추 옆에서 나도 허공에 사랑편지를 쓴다.

흙날개

이른 봄, 상사화 싹이 뚫고 나온 흙덩이가
초록 이파리 둥근 끝에 고여 있다

여린 봄볕에도 이파리가 쑥쑥 자라면서
이파리 위에 흙덩이도 쑥쑥 올라왔다

차츰, 햇살이 물기를 거두어
흙덩이는 얇고 가벼워졌다

흙날개는 바람을 타고 가볍게 날아 내렸다
하늘의 축복으로
상사화 싹이 이고 있던 지구를
여린 햇살과 바람이 거두어 주었다

하늘로 크게 한 발짝 오른다.

꽃가루 방하착

구례 산동마을은 온통 산수유 꽃가루 세상
하늘빛을 노랗게 물들이더니
어디에 내릴까
어디에 앉을까

한참을 떠돌다 골짜기 얼음 녹은 물에 내린다
산수유 꽃가루 떠가는 물소리에서
인디언 나바호족의 노래 후렴이 들려온다

"내려놓아라. 내려놓아라. 내려놓아라."

내려놓겠다는 억지마음 먼저 내려놓으라 한다

산수유 꽃가루가 둥둥, 물결 따라 흘러가는데
나는 아직 내려앉지 못한 꽃가루 세상을 떠돌며
노랗게 어지럽다.

풀꽃우주

하늘의 본성은 그런 모습일 게다
메마른 땅에 겨우 뿌리를 붙이고
발뒤꿈치 조심스럽게 들며 다복하게 일어나
끊어질 듯 끊어질 듯 목숨을 이어
그 아픈 끝에 겨우 꽃 한 송이 다는,

바람이라도 불면
꽃잎은 갈래갈래 흩어져 버리고 말 걸
난을 칠 때는 세 번 꺾임을 주어야 한다는
'삼전의 묘법'은 아랑곳없이
그저, 힘닿는 대로 쭉 뽑아낸 풀꽃 목숨

산국, 구절초, 쑥부쟁이, 참취, 고들빼기…
더러는 바위 밑에 숨어서
혹은 개울가에 발목을 잘팍하게 담그고
고개를 숙일 듯 말 듯

자기 목숨만 한 우주를 열고 있다

첫 서리가 내리면 시들어 버릴 풀꽃우주,
그 또한 바로 내 모습이니
추사 김정희의 「불이선란도」를
허리 굽혀 자꾸 바라보았다.

혓바늘꽃

봄에는 눈길 닿는 데마다 꽃이에요
냉이꽃, 씀바귀꽃, 토끼풀꽃…
내 몸도 못 견디고 꽃을 피우고 말았어요
혓바닥에 자잘한 좁쌀처럼 돋아난 붉은 꽃들,
혓바늘꽃이에요
바늘로 찌르는 것처럼 아픈 꽃이에요
그 꽃들이 활짝 피어
물 한 모금에도 눈물이 찔끔 나던 날,
세상의 모든 꽃들이 통점으로 보였어요
햇빛 한 줄기, 바람 한 가닥에는 물론
예쁘다고 쳐다보는 눈길, 말 한마디에도
꽃잎이 하르르 떨어요
알싸한 향기가 풍기는 저 생강나무는
뿌리까지 아플 거예요
혓바늘꽃이 지던 날, 생강나무꽃도 떨어졌어요.

양류관음 楊柳觀音

너, 많이 아픈가 보다, 곡기도 끊고
버들가지가 꽂힌 병 속의 물이 줄지 않는다
새 잎사귀도 열리지 않는다
버들가지 한 묶음을 병 속에서
쑥 잡아 뽑으려다 멈칫
물속으로 도로 끌어내리는 어떤 힘이 느껴진다
물의 손?

마른 가지에 남아 있는 솜털 눈들,
제자리 찾아 날아갈 때까지만
기다려 달라고, 눈물처럼 그렁그렁 매달린다
새 물을 반쯤만 갈아 넣기로 한다
유리벽을 통과하느라 한 풀 꺾인
빛 한 가닥을 붙잡고
버들가지가 연둣빛으로 뻗어 오른다.

돌확만화경

빗물이 고인 돌확에 하늘 한 자락이 놀러 왔다
새털구름도 날아 내렸다

조그만 하늘호수에
가뭇가뭇 새털구름은 사라지고
잎 떨어진 나뭇가지들이 얼기설기 비쳤다

지나가던 가을바람이
하늘호수, 빈 나뭇가지 위에
노랗고 빨간, 누렇고 갈색인 이파리들을
한 움큼 떨구었다

돌확, 하늘호수는
은행나무, 단풍나무, 느티나무들로 울울하다
나뭇가지에 매달렸던 이파리들은
물고기로 깨어나 돌확 안을 빙빙 헤엄치기도 한다

잠시도 가만히 있지 않고
하늘호수 풍경은 천변만화千變萬化한다

누군가 돌확에 던져 넣은 동전 세 닢,
동전에 실린 마음이 무거워
놀러 온 하늘 한 자락도
다시 뜨지 못하고 그만 가라앉는다.

제2부 = 마음의 거푸집을 깨고

꽃살문 꽃송이해

아침마다 대웅전 열 짝의 꽃살문에
꽃송이해가 뜬다
연꽃해, 모란해, 작약해, 무궁화해…
입을 꼭 여민 꽃봉오리해도 있다
덤벙주초 위에 세워진 민흘림기둥 사이에
세월에 씻겨 은근하고 그윽해진
송화빛, 제비꽃색, 자운영 붉은빛 해가 뜬다
반쯤 열린 대웅전 가운데 문, 어간으로
꽃살문해들이 쏟아져 들어와
석가모니불 앞에 그림자로 깔린다

조심스럽게 햇빛 죄복 위에 엎드리니
내 안에도 허공을 머금은 꽃송이해가 뜬다.

호박벌 되기

호박벌이 찔레꽃 바로 위에서
등을 구부린 자세로 여섯 개의 발을 비빈다

묻혀 온 노란 꽃가루들을
암술머리에 다 내려놓고 나서야
들어와도 좋다고 겹겹의 꽃잎 문이 열린다
호박벌이 꽃송이 안으로 들어가 목을 축인다

근심 걱정거리와 가진 것 모두 내려놓고
납작 엎드려야
극락전의 부처님이 한 번쯤 돌아보실까

그런데, 나는 저렇게
발이 손이 되도록 빌어 본 적이 있는가.

마음의 거푸집
— 국립중앙박물관 '사유의 방'

당신에게 가기 위해 어둡고 좁은 길로 들어선다
붙잡을 수 없는 실오라기 향,
계피향 편백향이 코끝에 스민다

황토빛 어둠 속에 길모퉁이를 돌자
눈앞이 확 트인다
덕 높으신 스님의 가사자락 스칠 때면 나던
연꽃향 장미향 백합향, 그윽한 방에
별들이 쏟아져 내린다

별들이 쏟아져 내리는 우주,
하늘과 구름바다가 닿은 그곳에
둥싯 떠오른 해와 달,
점토거푸집 깨뜨려 얻은 금동미륵반가사유상 두 분

알 듯 모르듯, 두 분의 잔잔한 미소는
연꽃 장미 백합으로 겹겹이 피어난다
만개하지 않았으니
과거에서 현재로 미래까지 계속 피어나리.

꽃할배 부처

영귀산 바위 그늘에 가부좌한 꽃할배,
좌판을 벌여
계묘년, 검은 토끼해의 복을 나누어 준다
좌판에는 다녀간 이들이 복채로 놓고 간
잔 돌멩이로 쌓은 3층탑, 5층탑,
두 개, 세 개 포개진 돌멩이들이 수북하다

"봄풀이 비를 만나니 날로 더 성장하리라"

믿어야 하기에, 믿을 수밖에 없어
호박잎사귀만 한 꽃할배의 두 손 앞에
남들처럼, 돌멩이 하나 놓는다
돌멩이들 복채가 좌판에 쌓일수록
영험해지는 꽃할배, 운주사 부처.

부처님 밥그릇

미륵불에게 물려준 솥단지만 한 부처님 밥그릇,

장고 모양 받침대와 연꽃잎 대좌 위에 모셔져

'통도사 봉발탑'이라 부른다

미륵불이 56억 7천만 년을 한걸음에 달려와

커다란 발우의 뚜껑을 연다

"이쁜이 한 술, 미운 놈도 한 술"

따뜻한 밥술을 건네시기에

봉발탑 앞에 서면 절로 배가 부르다.

불립문자

부처님의 사리를 친견한다

남원 석탑에서 나온
연꽃 받침 위, 금동함 속의 녹색 유리병,
밑바닥에는 빛나는 말씀이 깨알같이 모여 있다

황룡사 구층목탑, 청동 사리함 속에는
흰팥과 붉은팥, 청녹두 알을 섞어 놓은
빛깔 고운 말씀들이 다소곳이 들어앉아 있다

수정제 사리병, 유리병, 혹은 은제 항아리 속에
안치된 사리들은
진주알처럼 영롱하거나
눈물방울처럼 맺혀 있거나
철갑상어 알처럼 뭉쳐 있다

나는 까막눈이라,
2,600년 전의 그 어떤 말씀도 읽을 수가 없는데
옆에서 누군가 일러 준다
'장엄' 한마디면 된다고.

빗물 가사 한 벌

길상사 뜨락에 봄비가 빗금을 긋습니다
남동풍을 타고 관음석상 보관에 꽂힙니다
왼쪽 뺨을 적십니다
왼쪽 어깨를 둥글게 감싸 안더니 팔을 타고
흘러내려, 흘러내려
천의 자락으로 펼쳐져 스르륵 무릎을 덮습니다
다시, 무릎에서 발끝까지 흘러내려
먹물 가사 한 벌을 천천히 입힙니다
화강암 재질의 속가사에
덧입은 빗물 겉가사는 오른쪽 어깨를 드러낸
편단우견偏袒右肩, 이중착의법입니다
거친 돌멩이가 먹물처럼 깊어져
속 깊은 관세음보살로 다시 태어납니다.

소매를 걷어 올리는 나한

무얼 하시려나?
나한이 소매를 걷어 올렸다
장삼 소매 속에서 단전에 모았던
양손을 꺼내
오른손으로 왼쪽 치렁한 소맷자락을 걷어 올렸다

내가 밥 짓고, 설거지하듯
흙먼지 쓸어 내는 청소라도 하시려나

학의 날개 같은 장삼자락 걷고
입전수수入廛垂手, 우리들 속에 끼어들었다.

물고기 릴레이, 토어도 吐魚圖

신륵사 극락전 맞배지붕 널판 위에 그려진
물고기 그림을 올려다보았어요

피라미가 작은 물고기에,
그 물고기는 큰 물고기에,
큰 물고기는 더 큰 물고기에 잡혀먹어요

극락전에 들어 부처님께 삼배하고 나와
반대 방향에서부터
다시 물고기 그림을 보았어요

큰 물고기가 작은 물고기를 토해 내고
그 물고기 입에서 더 작은 물고기가,
더 작은 물고기 입에서 피라미가
지느러미를 팔랑이며 나오네요

부처님이 전생에 살려 준 물고기가
기근이 들자 보시하느라
물고기를 토해 내는 토어도吐魚圖라 하네요.

먹이사슬로 볼 줄밖에 모르는 제 눈을
파란 하늘에 씻고
댓잎에 일렁이는 녹색 바람에 헹구었어요.

무너짐 혹은 어울림

들꽃마을 재개발지구 공사장에는
망가진 철근들이 한 무더기 모여 산이다

뒤엉킨 무리 중에도
어떤 것은 아직 힘이 남아 고개를 쳐들고
삐죽한 끝으로 하늘을 찔러 본다
서로 껴안고 녹슨 뺨을 비비는 것들,
새끼 꼬듯 내 몸 네 몸을 번갈아 감고
하나로 합쳐진 것도 있다
잘나갈 때는 힘주어 하늘과 땅을 받치느라
콘크리트 속에서 꼼짝을 할 수 없고
혹여, 몸이 닿을까 경계했지만
이제는 끼리끼리 팔을 베고 누워 보고
등을 대고 기대어 앉는다
싫증나면 저만큼 혼자 떨어져 있기도 한다
딱히 할 일이 있는 것도 아니고

제멋대로 뻗치고 휘어지면 그뿐,
무너져서 참 편안하고 자유로운 세상이다

아마, 우리 죽음도 이와 같지 않을까.

뻐꾸기창을 내어드릴까요

아버지가 안성, 새집으로 이사했다
야트막한 산기슭에 봉긋하게 자리 잡은
풀냄새 향긋한 흙집이다

TV와 전등을 켜 놓고 주무시던 아버지에게
실내가 너무 깜깜하지 않을까
지붕마루에 창문을 하나 내어드리고 싶다

뻐꾸기창 어떨까요

아침에 햇살 한 가닥이 뻐꾹 들르고
산목련 꽃 그림자가 뻐꾹 어룽대고
밤이면 달빛 별빛이 뻐꾹뻐꾹 소곤대는…

아가, 나 여기 있는데…
그런 걱정 말라고

청옥빛 하늘에 새털구름 몇 점이 날갯짓 훨훨,
푸른 몸 흰 영혼이 아른아른.

임은 결국 물을 건너시네 [公竟渡河]*

라스코 동굴 깊숙한 곳, 튀어나온 바위에
붉은사슴 다섯 마리의 머리들만 그려져 있다
바위 주름을 강물 삼아 사슴들이 강을 건넌다

참방, 참방,
어둠 속에서 바위 물결 헤치는 소리가
내 귀에까지 들려온다

향기로운 뿔을 치켜든 선한 눈매의 사슴들,
줄지어 저 언덕으로 건너가고 있다

17,000년 전, 옛사람이
한 손에는 횃불, 다른 손에는 숯을 들고
라스코 동굴, 암흑 속으로 걸어 들어갔다
석회암 벽면에
들소, 말, 새, 사냥꾼, 주술사…를 그렸다

사냥도 잘했지만
바위를 강물로 볼 줄 알고 영혼도 그릴 줄 알아
지금까지 살아남은 호모사피엔스,
우리 조상님.

*「공무도하가公無渡河歌」 둘째 행

속거천리 速去千里*

민속박물관에서 짚으로 엮은 말을 보았다
'마마배송굿'에 등장했던 말이라고 한다

천연두가 무서웠던 예전에 다시는 돌아오지 말라고
두창신을 공경히 대접하여 짚말에 태웠다
떡과 과일 노잣돈을 담은 바구니를 매달아
멀리멀리 보냈다고 한다

청색 홍색 깃발을 꽂고
의장을 다 갖춘 짚말이 근사했다
한번 타 보고 싶었다

또 한 해를 보내며
버려야 할 것도 못 버리고
떠나보내야 할 것도 움켜잡고 있는데
그런 나를 통째로 짚말에 실어 떠나보내고 싶다

밖으로 나오니
배롱나무 짚말이 보인다
겨울옷을 입은 가지들을 앞으로 내딛으며
묵은 액운을 싣고 달려 나간다.

*귀신을 물리칠 때 '어서 멀리 가라'고 쫓는 뜻으로 쓰는 말.

마음 습자지

후드득,
반투명 얇은 마음에 빗소리 획이 가득 찬다
더러는 스미어
마음 뒤편으로 새어 나온다
장대비를 마냥 품기에는 얇은 습자지에
오늘 하루가 담겨 출렁거린다
'l' 하나 제대로 못 긋고
'.' 하나 제자리에 못 찍었기에
습자지를 구겨 휴지통에 던진다
우묵한 플라스틱 휴지통에서
꽃이파리 펼쳐지는 소리
바스락 바스락,
흠씬 젖고 구겨진 내 마음
거기서
접힌 금 딛고 저 홀로 일어선다.

환지본처 還至本處

남대산 산기슭, 작은 바위에
반가사유상이 새겨졌다기에
거칠거칠한 돌의 결을 짚어 가 보았다
보관에서 턱을 괸 팔과 반가좌한 자세까지
끊어졌다 이어졌다 하는 선이 보일 듯 말 듯
반가사유상이 생각 속에 잠긴 동안
비바람과 눈보라의 세월이 바위 위로 흘러가
다시 바위의 자리로 돌아가는 길목.

긴 꿈이었나! 스러지는 반가사유상을
가을햇살이 배웅하고 있다.

나무늘보의 비상구

숲속에서 나무늘보가 독수리를 만나면
어떻게 피할까

도망가 봤자 느려서 잡힐 것이 뻔한데
나무늘보는 나뭇가지에 매달렸던 손을
그냥 놓아 버린다
저 밑으로 툭 떨어진다

떨어지는 것이 가장 빨리 도망갈 수 있는 속도
순간, 그렇게 목숨을 버린다
목숨을 버려 자신을 구한다

내 것에만 꺼둘려 꽉 잡고 있는 동안
나무늘보는 느림을 통해
어느새, 방하착放下着할 줄 안다.

폐업정리

버스정류장 앞, 옷가게 유리창에
"폐업정리"
크게 써 붙였다
버스 기다리는 시간에
최신 유행하는 옷맵시를 바라보며
눈요기하기가 즐거웠는데

옷가지가 다 팔려 휑한데도 문 닫지 않았다
호기심에 가까이 가 보았더니
"폐업정리" 밑에 잔글씨가 보인다
"마네킹도 팝니다"
들여다보는 내 얼굴이 겹쳐 비쳤다

왠지 모르게 갑자기 슬퍼졌다
마치 내 영혼을 헐값에 내놓은 것 같아.

제3부 = 달팽이가 산을 넘듯

독해법 讀海法

파도가 철썩철썩 낱장을 넘겨 주어

바다책 한 권을 다 읽었는데

밤새 물병자리에서 물이 쏟아져

아침바다는 붉은 금빛 양장본 새 책.

땡볕 속의 길

장수하늘소 한 마리가 백운대를 기어간다
일그러진 턱으로 기우뚱거리며
한쪽 남은 더듬이를 지팡이 삼아
화강암 바위의 거친 돌 틈새를 짚어 간다

큰 턱을 치켜들고 목청껏 자리다툼을 하다가
상처투성이로 밀려난 것일까

해발 836m, 백운대에서
천연기념물이 된 내가 방향도 모르고
땡볕 속을 무작정 기어가고 있을 때

"이놈아 타 죽겠다."
누군가 내 등을 살며시 집어 숲
그늘에 놓아준다.

비 갠 인왕산[仁王霽色]

신미년(1751년) 윤5월 하순경이었지요
닷새가 지나도록 장마가 그치질 않더니,
비가 개고 구름 사이로
인왕산의 봉우리가 보였어요

흰 구름이 산골짜기에 내려앉았어요
코끼리바위 치마바위 기차바위 부침바위가
흰 구름을 흘려보내며 무거운 엉덩이를 들썩여요
바위들이 뿜어낸 하얀 입김이
물안개로 자욱하게 피어올랐다 흩어져요

장마가 그치자
인왕산은 커다란 호랑이로 꿈틀거려요
호랑이 울음소리가
수성동 계곡으로 콸콸 흘러내려요
청풍계로 떨어지는 폭포소리로 요란해요

270여 년이 지나도록 오늘까지 세세연년
진경眞景으로 마음속에 그려진
겸재의 인왕제색도지요.

능소화 부적

꽃줄기가 마이산 바위벽을 타고 내리며
능소화가 줄줄이 피어나네
결명주사 색감으로 흐드러지게 씌어진
능소화 부적,

하늘이 운기運氣 따라 늘 새로 쓰기에
천둥번개에도 지워지지 않네
마이산 바위벽 아래,
우뚝한 천지탑, 80여 기의 돌탑들도 끄떡없네

옜다, 너도 한 장 가져라
통꽃째로 떨어지는 능소화 한 송이,
꽃 속의 암술과 수술들이
한 획, 한 획, 어우러져 다음 생을 예비하네

무망无妄의 부적, 내 가슴에 딱 붙여 보네.

티라노사우루스의 팔

공룡의 왕, 티라노사우루스는
튼튼한 이빨로 먹잇감의 뼈까지 씹어 먹었다

팔이 작다는 것이 딱 하나 아쉬운 점이다
박수도 못 칠 정도로 너무 짧았다
손가락도 두 개씩만 달려 영 쓸모없어 보였다

그런데,
거대한 공룡이 그 작은 팔로 사랑을 했다는 것이다
힘자랑하며 으스대지 않고
가장 약한 팔로 부드럽게 애인을 보듬었다니,
마음으로 다가갈 줄 알았다

사랑에도 왕, 티라노사우루스.

생명을 갈아 끼우다

컴퓨터 화면에서 돌연 커서가 사라졌다
무선마우스를 뒤집으니
배터리의 수명이 다 되어 빨간불이 깜박깜박

나는 벽시계를 흘깃 올려다보았다
분침과 시침이 시계 판을 반으로 가르고 있는
6시에 시계의 뒷면을 열고
AA사이즈 배터리를 마우스에 갈아 끼웠다

반짝, 커서가 잠자던 별처럼 깨어났다

시계가 죽었다고
식구들이 모두 한마디씩 했다
누군가 내 뒤통수를 열고 생명의 배터리를
감쪽같이 꺼내 갈지도 모르겠다.

웨어러블 도깨비

화강암 돌사람, 장군석
투구와 갑옷을 입고 큰칼을 쥐고 있다
덤빌 테면 덤벼 봐
단칼에 베어 줄 테니
칼자루에 새겨진 도깨비 표정이 섬뜩하다
도깨비 문양 견장을 찬 양어깨가 늠름하다
도깨비 얼굴이 그려진 신발도 신었으니
온갖 잡신이 신출귀몰해도 쫓아가 잡을 수 있다

웨어러블 디바이스, 도깨비 로봇의 신통력으로
능을 지킨다.

DNA 갈등 해결사

DNA 이중나선 구조를 읽어 보네
칡나무는 시계 반대방향으로 돌며 자라고
등나무는 시계 방향으로 감아 오르다
서로 엉켰네

정원사야, 가위를 가져오렴,
크리스퍼 캐스 유전자 가위를 가져오렴
감쪽같이 아픈 곳을 자르고
재빠르게 붙여 넣어 갈등의 고질을 고쳐 다오

가위질이 유전자 조작으로 가지 않게
신기와 기술의 묘를 넘는
포정해우庖丁解牛의 도를 보여 주렴.

인공미끼 메탈지그

"화려한 것은 독버섯이야"
엄마한테 귀에 못이 박이도록 들었지만,
주홍빛 선정적인 몸매로 눈앞에서 알짱거리니
덥석 물을 수밖에

달콤한 것은 순간,
쇠갈고리가 입속을 파고들어
삼킬 수도 뱉어 낼 수도 없네
나의 삶이 저당 잡혔으니
죽도록 끌려다녀야 하나

입을 버리기로 했다
얼굴도 머리도 다 잘라 냈지
가짜가 진짜를 낚는 세상에
메탈지그를 잡아먹고
나는 가짜로 살아남았네.

상도역 메트로팜* 어린잎들에게

메트로팜에서는 햇빛과 흙 없이 식물이 자란다
버터헤드레터스 이자트릭스 이자벨… 등 유럽품종을
로봇이 배양액에 씨 뿌리고 길러 거둔다

식물농장에서는 LED 색동 조명이 햇빛이다.
빨간 불빛이 키를 길러 주고
파란 불빛에 포기가 차오르면
노란 불빛은 조화로운 성장을 돕는다

잘 자라려면 적당한 스트레스가 꼭 필요하다니,
작은 팬이 계속 돌아가며
채소들에게 바람 스트레스를 준다

누런 잎 한 장 없지만
24시간 불빛 아래 깨어 있다니 안쓰럽다
포기상추 버터헤드레터스 한 봉지 사 들고 오면서

"기찻길 옆 오막살이 아기 아기 잘도 잔다.
♪칙~폭 칙칙폭폭 칙칙폭폭 ♬"
어린잎들에게 자장가를 불러 준다.

*서울교통공사 고유브랜드로 지하철역에 설치한 스마트팜.

달팽이가 산을 넘다

비 그치자
명주달팽이가 배다리를 오므렸다 폈다
오지항아리를 기어오른다

항아리 불뚝한 배에 이르자
앞더듬이를 뒤로 젖히며 천천히 오른다
등에 진 황토색 집이 무거워
껍데기 속 심장이 할딱할딱 뛰는 것이 보인다

이윽고 항아리 아가리,
땀 흘려 올라와 보니 허공, 두리번거려 보아도
달팽이가 좋아하는 물봉선화 꽃잎 한 장 없다
어제도 그랬듯이

머뭇머뭇,
달팽이는 더듬이로 항아리 속 어둠을 짚어 보다

다시 미련 없이
항아리 둥근 능선을 타는 내리막길,
이번에는 황토색 집이 미끄러지지 않도록
중심을 잡아 준다.

명주달팽이는 내일도 그렇게 산다.

우로보로스의 환幻

뱀은 한 해에도 여러 차례 허물을 벗는다
나무껍질이나 거친 바위에 머리와 몸을 비벼
입술부터 벗는다

그런데 비단뱀 한 마리가
자신이 벗어 놓은 허물 속에서 빙빙 돈다
길을 잃었나

망사스타킹 허물이 움찔움찔 살아 움직인다
바지허리춤을 폈다 오므렸다 하며
고무줄 꿸 때의 모습,
'꼬리를 삼키는 자', 우로보로스의 신화 그대로이다

서너 시간 헤매더니 고개를 밖으로 내민다
아, 살았다!
쑥쑥 허물을 벗으며 나무를 타고 오른다

동그랗게 출구가 다시 봉해진 그물망사 스타킹,
후줄근해진 그 안에서
내가 지칠 줄 모르고 온몸으로 빙빙 돈다

상처를 입거나 병에 걸려
그해의 허물을 벗지 못하면 뱀은 죽는다.

뇌물수수 조사 축소

실토하라고
모시조개를 소금물에 담근다
몇몇은
입을 겨우 떼고 모래 알갱이를 뱉어 낸다

소금물로 깨끗이 씻어 내어 한소끔 끓여 낸다
모두가 입을 벌려 조갯살을 드러내서
투명함을 증명하는데
한 놈만 아직도 입을 꾹 다문 채 묵묵부답

그럴 수밖에
진흙 뻘이 가득 담겨 입을 여는 날에는
시원하게 끓인 국물을 모두 버리게 된다
죄는 그놈에게 모두 뒤집어씌워라

네가 입을 여는 날에는…

코로나 선생님

너희는 나를
삶을 송두리째 파괴하는 코로나 바이러스라 부른다
하지만 인간이야말로 더 잘 먹고 더 잘 살려고
자연을 훼손하고 생명체들을 희생시킨 독종 바이러스

생태계가 다 망가질까 두려워
인간을 멈추게 하려고
자연이 만들어 낸 백신이 바로 코로나
백신은 희망이지만 시기를 놓치면 팬데믹이지

함께! 잘 살아 보자는 축복의 메시지를 전하러
코로나는 지구에 온 거야.

천기누설

신안해저선에서 발굴된 청백자 접시,
그 안쪽에는 두 장의 나뭇잎이 그려져 있다

나뭇잎 위에 시가 적혀 있다
"流水何太急(흐르는 물은 어찌 저리도 급한고)"
배가 침몰할 줄 알았나 보다

다른 한 장에는
"深宮盡日閑(깊은 궁궐은 종일토록 한가한데)"
라고 새겨져 있다
오랫동안 깊은 바다에 갇힐 줄 예측이라도 한 듯,

붉은 잎에 실린 사연은 바닷물에 잠긴 지
600년이 훨씬 지나
우리 앞에 예쁘게 모습을 드러냈다

다시 보니
청백자 접시에 그려진 나뭇잎 두 장은
마주 보는 한 쌍,
사랑으로 물든 발그레한 연인의 얼굴.

기청제(祈晴祭)*를 지내다

사방에 두루 하신 산천지신이여!

제 마음속에서 한 치도 물러서지 않는

사랑과 미움의 기단이 마주한 장마전선을 거두어

옥빛 하늘을 볼 수 있게 해 주소서!

*고려시대부터 조선시대까지 입추가 지났는데도 장마가 계속되어 피해가 예상될 때 비가 멈추기를 기원하며 제사를 지내는 국가의례.

제4부 = 미끈한 백자를 꿈꾸다가

석양石羊에게

세중世中 돌박물관에서 석양의 무리를 만났다
그중, 한 마리는
뱃속에 새끼 양이 들어 있어 불룩했다
꼬부라진 귀며, 눈과 코가 다 생기고
네 다리에도 힘이 붙어 보인다
꼭 어미를 닮았는데…
어미의 뱃속에서 어린 양이 잘 나오도록
석수장이의 손놀림으로
돌 뱃속에 아기 길을 만들어 주고 싶다
어미의 등허리에 검버섯이 꺼멓게 돋아났다
출산 예정일이 지났어도 한참 지났다
주위에는 석호, 석마, 석사자 등이
앞발을 세우고 공격자세로 앉아 있다

오라, 험한 세상에
어린것을 내보내고 싶지 않은 모양이지.

석양石羊에게 2

출산 예정일을 훌쩍 넘겼는데도
어미 양의 뱃속에는 새끼가 들어 있었다
석호, 석마, 석사자가 버티고 있어
어린것을 어찌 내보내랴 싶었는데

오늘 다시 보니
꼬부라진 귀며 눈과 코,
너를 꼭 닮은 새끼가 품에 안겨 있다
어미젖을 실컷 먹었는지
어린 양의 등에서 김이 모락모락,
배냇향이 비릿하다

석호, 석마, 석사자도 배냇향에 취해
어린 양을 태워 주려고 등을 내보인다.

관아재觀我齋* 시편

우거진 솔잎 그늘 아래
노승이 흰 가사를 벗고 이를 잡는다

집게와 가운뎃손가락 두 개로 조심조심
몸에 달라붙어 통통해진 놈들부터
행여 다칠세라 살며시 털어 낸다
노승의 눈매에서 시작한 실웃음이
화폭에 번져 나간다
어떤 놈이 손가락을 피해
겨드랑이로 기어들었으니 웃을 수밖에

살생하지 마라 했기에
노승은 손가락 두 개로
생명의 그물 한 코를 뜨고 있다.

*문인화가 조영석趙榮祏(1686-1761)의 호. 「이 잡는 노승」에서.

성찬경 시인의
「답을 가르쳐 주시는 스승」*

검버섯투성이, 자루 빠진 삽의 얼굴에는
엄마의 새 집에 흙 한 삽 보태던
나의 슬픔도 얼룩져 있다

오랜 시간, 슬픔을 퍼내고 사랑을 묻고
흙을 부수어 다독이느라 닳아 버린 삶,
그래도 콧날은 여전해서 낯익은 얼굴
살짝 눈 감고 명상 중이다

이제는 퍼내고 묻고 부수고 다독일 수 없으니
못 본 척, 그냥 눈감고 살라는
먼 우주에서 오신
쇠붙이, 금붙이 스승의 답.

*「자루 빠진 삽」, 22×33㎝, 1980.

초록빛 절망

반 고흐의 작품 「뒤집어진 게가 있는 풍경」에서
게는 하늘을 올려다본다
바다 같은 푸른 하늘이다

이렇게 누워 본 게 얼마 만인가
등딱지가 바닥에 닿으니
쉴 새 없이 움직이던 발들이 할 일이 없어졌다
등딱지가 바닥에 닿으니
비로소 푸른 하늘, 흰 구름이 보인다
움켜쥐기만 했던 집게발에 스르륵 힘이 풀린다

어쩌다 초록빛 풀밭에 뒹굴게 되었을까
바다로 가는 길은 잃었지만
푸른 하늘이 참 시원하게 열려 있다
집게발을 흰 구름에 살짝 얹고
하늘바다를 날아 보는 꿈을 꾸어 본다.

나를 지우다

미끈한 백자를 꿈꾼다

거친 피부, 점이며 잡티 위에
백토를 적신 풀비로 쓱쓱 덧칠했더니
분청사기귀얄문대접이라고 부른다

다시, 백토물에 덤벙 담갔다 꺼낸다
미끈해 보이긴 하지만
백자라고 부르지는 않는다
백토물이 흘러내리면서 무늬를 만들어
분청사기덤벙문대접이라고 부른다

백자를 꿈꾸다가
결국 나만 잃어버리고 만다.

풍금소리가 들려오다
— 마르셀 뒤샹의 「계단을 내려오는 누드(No.2)」

고등학교 시절, 목조건물의 나무계단을
딛을 때면 삐거덕—
나무 관절이 풀리는 소리

삐그덕— 삐거덕—
나무계단이 반질반질 닳아 가던 그 소리가
발밑에서 둥근 천장까지 울렸다

여럿 친구들과 함께 나무 페달을 밟으면
창틀까지 떨면서 풍금소리를 냈다

풍금소리에
혹시나 천장에 매달린 등이 떨어질까
올려다보기도 하면서
지하1층 식당에 내려가
유부 고명 올린 가락국수를 국물까지 먹었다

이상하게도 내가 배가 불러지면
나무계단도 삐거덕 소리를 멈추었다

뒤샹의 「계단을 내려오는 누드(No.2)」에서
목조건물을 울리던 풍금소리가 들려온다.

은제 꽃잔

오늘 밤, 첫눈으로 찾아온 당신,
창문을 열고 맞았지요

툭툭 털고 들어오세요
떨리는 오른손을 왼손으로 지그시 잡고
은제 꽃잔에 살며시 감국주를 따라요
술잔 바닥에 새겨진 국화 꽃잎이
맑은 술 위에 사르르 펼쳐져요
서리에도 시들지 않았던 제 마음이에요
여린 꽃잎들이 행여 흩뜨려질라
머뭇하는 사이에
꽃술 향기에 벌써 취해 버린 당신,
꽃잎이 입술에 닿기도 전에 녹아 버렸어요

첫눈 내린 밤
눈물, 눈물만 남았어요.

르네 마그리트의 새장

어느 날 아침, 마그리트가 일어나 보니
새장 속에서 자던 새가 커다란 알로 보였다*
베다에 나오는 호마새의 알이었다
새장을 가득 채운 알의 꼭지에서
어린 새의 붉은 부리가 나왔다
새장 줄무늬 날개를 달고
몇 번 덜컹덜컹하더니 허공으로 날아올랐다
허공에 알을 낳는다는 호마새,
알은 떨어지면서 부화하는데 땅에 닿으면 죽는다
그래서 새장 통째 허공으로 날아갔다

어느 날 아침, 눈을 떠 보니
새는커녕 새장도 보이지 않았다.

*르네 마그리트 작품 「선택적 친화력Elective Affinities」, 1933

「혼돈」을 빚다

강물에서 잘 익은 노란 달을 길어 왔어요
쏟아붓자
달이 자취를 감춰 버렸어요

달이 녹은 그 물로
먼 우주에서 날아온 흙,
바다 밑바닥에 오랜 시간 쌓였던 흙을
차지게 반죽해요

한 가닥 위에 또 한 줄기…
타래쌓기 해요
불 속에서 갈색의 달덩이가 구워져요

덤벙, 백토물에 담갔다 꺼내요
달의 눈물인 양 백토물이 주르륵 흘러내린
아가리가 셋으로 갈라진 분청사기,

물과 흙과 달을 섞어 불에 구워 낸
도예가 급월당汲月堂 윤광조의 작품이에요
세상에 하나밖에 없는 그릇에
태초의 모습 '혼돈'이 넘치게 담겨 있어요.

벌레 장인의 화룡점정 畵龍點睛

금강산을 가는 길목, 삼일포에 눈이 내린다
삼일포는 신라 화랑들이 경치가 너무 아름다워
그냥 지나가지 못하고
삼 일을 머물렀다 하여 얻어진 이름이다

조선 후기 문인화가 심사정이
하늘빛 색지에 그린 「삼일포」에는
하얀 눈송이가 흩뿌리거나 쌓이지도 않고
동그란 모양 그대로 둥둥 떠다닌다

좀 더 자세히 들여다보면
가운데 흐릿한 선을 기준해서
눈송이가 대칭이다
그 눈송이는 심사정의 붓질이 아니라
접혀 맞붙어 좀이 슨 자리라니,

벌레가 뭘 좀 아는지
눈송이처럼 예쁘게 갉아먹었다
보존처리할 때 하늘색으로 깔맞춤하지 않고
벌레 장인의 흔적을 남겨 둔 감식안이 더욱 놀랍다

그윽하고 정감 있는 풍경,
눈 내리는 삼일포는 그렇게 완성되었다.

강요배의 「홍매」*

늙은 가지는 타들어 가듯 그을음투성이, 어디 저런 몸으로
 꽃 한 송인들 피울 수 있으랴 눈, 비, 바람, 세월을 다 거둔 둥치의 블랙홀, 심재는 단단하고 깊은데 그 속마음을
 들여다볼 수 있을까

 먹구름이 몰려온다 검어진 둥치가 뭉클뭉클 부풀어 오른다
 제주 흙바람 속에 감춰 두었던 말쑥한 새 가지가 돋는다
 숨소리 거친 틈으로 살짝살짝 내비치는 붉은 꽃망울 그윽한 암향暗香, 꽃보다 앞서 번져 온다.

*캔버스에 아크릴, 162.1×130.3㎝, 2005.

십인십색 十人十色
– 신사임당의 묵포도도

터질 것 같은 깜장 알갱이
조금 덜 익은 자주보랏빛 알갱이
설익어 떫은맛 도는 연두색 알갱이
한 송이에 달렸어도
신사임당 붓끝의 먹의 농담 따라 알알이
익는 속도가 다르다
작은 알갱이도 군데군데 끼어 있다
포도가 익는 동안
덩굴손은 가지를 빙글빙글 감아 돌더니
허공으로 튕기며 세를 넓혀 간다
뜨거운 햇빛과 비바람 가려 주는
손바닥만 한 포도 잎 한 장 뒤에서
포도 알갱이들은
제각각 자기만의 속도로 깊어지고 있다.

영축산 기슭의 고래들
― 조계종 종정 성파 큰스님의 나전 옻칠 반구대 암각화

귀신고래 범고래 향고래 북방긴수염고래 혹등고래…
영축산 기슭에서 고래들이 헤엄치고 있다

울산 대곡천 반구대 암각화를 그대로 탁본 떠서
서운암 장경각 앞마당에 고래들을 풀어놓았다
검은 옻칠 바탕 수조 위에서 고래들이 놀고 있다

이팝 꽃빛 수의를 입은 작살 맞은 고래,
북방긴수염고래 세 마리의 코에서 수국이 피어난다
황매화빛 그물 쪽으로 거북이가 기어간다
금낭화빛 물고기들이 조롱조롱,

작약꽃빛, 각시붓꽃 멧돼지 한 쌍이 사랑을 나눈다
사슴이 연두 잎 달린 뿔을 흔들며 뛰어간다
바위에 갇혔던 암각화 동물들을 물속에 방생,
다시 스르륵 물속에 비친 하늘로 왕생,

옻칠자개라는 새 입성으로 극락에 온 것이다
내 그림자도 어룽어룽 고래와 놀고 있으니
나도 극락,

송홧가루가 뿌옇게 은하수로 걸리자
모두 사금파리 별빛으로 반짝인다.

절체절명
— 천경자의 「자살의 미」

청보랏빛 수선화 꽃잎이 믹서 안으로 날아들어
유리벽을 타고 미끄러진다

칼날이 금방이라도 갈아 버릴 기세,
눅눅한 푸른 잿빛 구름들이 몰려온다

그때, 누군가 전원 플러그를 뽑아 버려
꽃잎은 칼날 꽃받침 위에 사뿐히 내려앉는다

번쩍번쩍한 스테인리스 작두를 딛고
파르르! 수선화가 피어난다
절망이 깨지면 환희, 새 몸 얻는다.

절벽 건너기

길이 끊어져 쓰러진 소나무 다리조차 없는 절벽,

'얼씨구' 춤사위를 벌여* 신명으로 건넌다

이어지는 산들의 중허리까지 구름에 잠겨

갈 길은 여전히 아득하다

다시 절벽을 만나도

'절씨구' 흥을 내면 어디든 길이다

얼씨구절씨구, 한 생애가 지나간다.

*황창배(1947~2001), 「무제」, 1981, 한지에 수묵, 92×92㎝

서정 抒情 을 향하다

도플갱어,
내 모습과 애틋한 사랑 이야기

 다람쥐 쳇바퀴 돌듯 살고 있는 내게 박물관 봉사는 최고의 호사를 누리는 일이다. 그중에서도 특별전시는 세계의 역사와 문화를 만날 수 있는 보배로운 창이다. 운신의 폭이 좁은 나로서는 시의 소재를 얻을 수 있는 절호의 찬스가 되기도 한다. 특별전시를 관람하고 쓴 시, 「소매를 걷어 올리는 나한」과 「천기누설」의 시작 노트를 펼쳐 본다.

 2019년에 국립중앙박물관에서 〈영월 창령사 터 오백나한〉전이 열렸다. 국립춘천박물관에서의 전시를 설치작가 김영승과의 협업으로 새롭게 구성해서 선보였다. 십여 년 전에 춘천에서 관람했을 때는 거칠거칠한 질감이 그대로 묻어나는 돌사람들이 나란히 모여 앉아 있었다. 울고 웃고 성난 표정을 짓기도 하는 이웃 아저씨같이 친근한 모습으로 여기 같이 앉아 보라고 내게 옆자리라도 내줄 것 같았다. 국립중앙박물관에서가 두 번째 만남인데 전시실 도입부가 암실이었다. 돌사람 나한들은 어둠 속에서 은은한 조명을 받으며 각각 독립된 좌대에 앉아 있었다. 투박한 돌사람들이 연출 효과로 스타로 변신했으니 감히 내가 끼어들 자리는 없어 머쓱해졌다. 다행히 질박하고 수더분한 표정은 변함없기에 나한상 사이를 걸으면서 신묘한 분위기에 차츰 빠져들었다.

삐죽한 바위 뒤에 몸을 숨기고 얼굴만 살짝 내민 나한과 눈이 마주쳤다. 누가 손이라도 잡아끌어 주면 못 이기는 척 걸어 나올 텐데 나처럼 숫기가 없는 모양이다. 당당하게 나서지 못하고 바위 뒤에 숨어 세상을 엿보고 있었다. 장삼을 입고 가사를 두르거나 달마처럼 뒤집어쓴 나한, 보주를 든 나한, 합장하며 수행하는 나한들 사이를 지나가다 '소매를 걷어 올리는 나한' 앞에 발걸음을 딱 멈추었다.

　　무얼 하시려나?

나한이 소매를 걷어 올렸다
장삼 소매 속에서 단전에 모았던
양손을 꺼내
오른손으로 왼쪽 치렁한 소맷자락을 걷어 올렸다

내가 밥 짓고, 설거지하듯
흙먼지 쓸어 내는 청소라도 하시려나

깨달음이라는
마지막 한 생각조차 떨쳐 내자고
척, 학의 날개 같은 장삼자락 걷고
입전수수入廛垂手, 우리들 속에 끼어들었다.
— 「소매를 걷어 올리는 나한」 전문

 '입전수수'는 불교에서 인간의 본성을 찾아 깨달음에 이르는 과정을 목동이 소를 찾는 것에 비유한 「심우도尋牛圖」 중에 마지막 단계이다. 중생 제도를 위해 함께 일하고 고통도 함께 나누려고 우리 속으로 들어오신 나한이기에 무척 반가웠다. 소매를 걷어 올린 손을 덥석 잡아 보고 싶었다.
 인간으로서는 수행의 가장 높은 단계에 오른 나한이

라도 항상 열락悅樂의 미소 짓는 표정만을 보여 주지는 않는다. 성속聖俗을 넘나들며 우리처럼 기뻐하고 슬퍼하고 즐거워하고 화를 내기도 한다. 꺼멓게 벌린 입에서 탄식이 흘러나오고 돌 눈물방울이 울퉁불퉁한 뺨을 타고 주르르 흘러내리는 슬픔에 젖은 나한상의 모습에서 진정한 위로를 받았다. 최고의 깨달음을 얻어 '공양을 받을 만한 분'도 이리 슬퍼하니 오늘만큼은 나도 애써 감추려 하지 않고 퍼내고 퍼내도 바닥나지 않는 슬픔을 온전히 누려 보아도 좋을 듯했다. 나한상이 울고 성난 표정을 지어도 그 모습은 밉지 않고 환해 보인다. 고려시대 때 거친 화강암을 떡 반죽처럼 주물러 오백나한의 자유자재한 표정을 빚어낸 석수 장인의 신기神技에 매료되어 변화무쌍한 표정을 가진 여럿의 나를 만났다.

〈신안해저에서 찾아낸 것들〉(2016. 7. 26 ~ 9. 4) 특별전에는 수중 발굴한 유물 2만 3천여 점이 모두 나와 장관을 이루었다. 수많은 도자기들 사이에서 발그레하게 단풍 든 나뭇잎 두 장 위에 오언절구五言絶句의 시가 써진 청백자 접시가 눈길을 끌었다.

> 流水何太急　　흐르는 물은 어찌 저리도 급한고
> 深宮盡日閑　　깊은 궁궐은 종일토록 한가한데

접시는 1323년 중국 원나라에서 도자기를 싣고 일본으로 가던 무역선이 신안 앞바다에서 풍랑을 만나 침몰할 것을 미리 알았다는 듯이 "흐르는 물은 어찌 저리도 급한고"라고 씌어 있다. 무역선은 난파되어 침몰 후 600여 년이 지나서야 전남 신안 앞바다 개펄에서 발굴되었다. 그 접시가 발굴될 때까지 깊은 바다 궁궐에서 적막하게 지낼 자신의 운명을 "깊은 궁궐은 종일토록 한가한데"라고 적어 놓은 것이 아닐까. 나름대로 이렇게 글자를 짚어 읽으며 '천기누설'이라고 흥분했다.

> 신안해저선에서 발굴된 청백자 접시,
> 그 안쪽에는 두 장의 나뭇잎이 그려져 있다
>
> 나뭇잎 위에 시가 적혀 있다
> "흐르는 물은 어찌 저리도 급한고"
> 배가 침몰할 줄 알았나 보다

다른 한 장에는
"깊은 궁궐은 종일토록 한가한데"라고 새겨져
있다
　오랫동안 깊은 바다에 갇힐 줄 예측한 듯,

　붉은 잎에 실린 사연은 바닷물에 잠긴 지
600년이 훨씬 지나 빛을 보았다

　청백자 접시에 그려진 나뭇잎 두 장은
마주 보는 한 쌍, 남녀의 얼굴로 보인다
사랑으로 물든 발그레한 나뭇잎.
　　　　　　　　　　　　―「천기누설」전문

　나뭇잎 두 장 그려진 접시가 600여 년 바다 궁궐에 갇혔다가 우리 앞에 예쁘게 모습을 드러낸 것이라 생각하니 단순한 도자기가 아니라 생명체 같다는 생각이 들었다. 하지만 도록을 읽어 보니 내 추측과는 달리 애틋한 사랑의 사연이 담긴 접시였다.
　이 시는 당나라 궁녀 한씨韓氏가 나뭇잎에 자신의 적막한 궁 안의 생활을 시로 적어 궁 밖으로 내보낸 것이라고 한다. 마침 그때 우우于祐라는 선비가 낙엽이 뒹굴고 있는 장안長安의 황궁대로를 걷고 있었다. 선비는 그 나뭇잎을 주워 책 속에 넣어 두고 아침저녁으로 꺼내어 보고 읊었다. 상상 속의 그녀와 사랑에 빠지게 되었고, 밤낮으로 궁녀를 그리워하다 점점 초췌해졌다. 여러 번 과거시험에 낙방하고 한영韓泳이라는 지인 집에 의탁하여 살아가고 있었다. 10년이 지나 황제가 바뀌자 선황을 모셨던 한씨를 비롯한 궁녀들이 궁 밖으로 나오게 되었다. 한영의 중매로 부부의 인연으로 맺어져 나뭇잎을 꺼내 보며 서로가 당사자임을 확인하고 감격했다는 사연이 송대宋代의 장실張實이 쓴 『유홍기流紅記』에 전해진다. 우연의 일치라고 보기보다는 나뭇잎이 맺어 준 운명적인 사랑 이야기이다. 나는 이를 제멋대로 오독하고 서둘러 「천기누설」이라는 엉뚱한 시를 세상에 내놓은 것이다. 그러나 어쩌랴, 나는 그렇게 읽고 보았으니.

500여 년을 땅속에 묻혀 있었던 나한상과 600여 년을 바다 속에 갇혀 있었던 청백자 접시의 애틋한 사연이 시공을 넘어 내 시 속에서 그렇게 다시 태어났다.

사족을 붙이면 30여 년 동안 시를 써 오면서 세상을 보는 눈이 달라졌다는 것이다. 4부에 실린 「석양石羊에게」와 「석양石羊에게 2」는 20년의 시차로 씌어졌다. 「석양에게」에서는 석호 석마 석사자가 버티고 있는 험한 세상에 새끼를 내보내고 싶지 않아 출산예정일을 훨씬 넘기고도 뱃속에 새끼가 들어 있는 어미양의 모습이다. 「석양에게 2」는 새끼가 품에 안겨 젖을 먹고 있다.

> 어미젖을 실컷 먹었는지
> 어린 양의 등에서 김이 모락모락,
> 배냇향이 비릿하다
>
> 석호, 석마, 석사자도 배냇향에 취해
> 어린 양을 태워 주려고 등을 내보인다.
> ─「석양에게 2」 후반부

적개심으로 가득 찼던 세상이 평화롭고 아름답게 눈앞에 펼쳐졌다. 다 같이 함께 행복한 세상을 꿈꾸며 시를 쓴다. ◎

40대 시절의 주경림 시인

비비추의 사랑편지

초판 1쇄 발행 | 2023년 4월 20일

지은이 | 주경림
발행인 | 장문정
기　획 | 안영희
발행처 | 문예바다
　　　　등록번호 | 105-03-77241
　　　　주소 | 서울 종로구 삼일대로 30길, 21(종로오피스텔) 611호
　　　　전화 02) 744-2208
　　　　메일 qmyes@naver.com

ⓒ 주경림, 2023. Printed in Seoul, Korea
ISBN2 979-11-6115-194-6 (02810)

* 이 책의 판권은 지은이와 출판사에 있습니다.
　양측의 서면 동의 없는 무단복제를 금합니다.